MANUEL PRATIQUE

sur l'Acceptation ou la Répudiation

DES

DONS & LEGS

faits aux

SOCIÉTÉS DE SECOURS MUTUELS

contenant la

Nomenclature des Pièces à produire pour arriver
sans retard à la solution des Affaires

PAR

Henri ABRIC

Employé à la Préfecture de l'Hérault

—❖—

PREMIÈRE ÉDITION

—●—

PRIX : UN FRANC

IMPRIMERIE TYPO-LITHOGRAPHIQUE J. NAVATEL
MONTPELLIER - NIMES
1900

MANUEL PRATIQUE

sur l'Acceptation ou la Répudiation

DES

DONS & LEGS

faits aux

SOCIÉTÉS DE SECOURS MUTUELS

contenant la

Nomenclature des Pièces à produire pour arriver
sans retard à la solution des Affaires

PAR

Henri ABRIC

Employé à la Préfecture de l'Hérault

———— ⚛ ————

PREMIÈRE ÉDITION

———— • • ————

IMPRIMERIE TYPO-LITHOGRAPHIQUE J. NAVATEL

MONTPELLIER - NIMES

1900

Cet ouvrage ne peut être mis en vente que revêtu de la signature de l'auteur.

PRÉFACE

Cet ouvrage est un traité essentiellement pratique, écrit sans phraséologie et d'une lecture simple et facile. Il a sa place marquée dans toutes les archives des Sociétés de Secours Mutuels.

Un simple coup d'œil jeté sur ce Manuel suffit pour démontrer son utilité incontestable et faire à ce traité une réclame plus que suffisante.

Dons et Legs

FAITS AUX SOCIÉTÉS DE SECOURS MUTUELS

L'article 14 de la loi du 1er Avril 1898 divise les Sociétés de Secours Mutuels en trois catégories :

1º Les Sociétés libres ;

2º Les Sociétés approuvées ;

3º Les Sociétés reconnues comme établissements d'utilité publique.

Ces divers établissements peuvent être appelés à recevoir, soit des dons et legs mobiliers seulement, soit des dons et legs mobiliers et immobiliers.

Nos lecteurs trouveront dans le chapitre Ier tous les renseignements relatifs aux *dons*.

Les *legs* font l'objet du chapitre II.

CHAPITRE PREMIER

—

Des Dons

Il y a trois sortes de dons ou donations :

1º **La donation entre vifs ;**

2º **Le don manuel ;**

3º **Le don anonyme.**

Donation entre vifs

La donation entre vifs est un acte par lequel le donateur se dépouille actuellement et irrévocablement de la chose donnée en faveur du donataire qui l'accepte, dit l'article 894 du Code civil.

Tous les actes portant donation entre vifs doivent être passés devant notaire, dans les formes ordinaires des contrats (*article 931 du Code civil*) et les dispositions qu'ils contiennent au profit des Sociétés de Secours Mutuels n'auront leur effet qu'autant qu'elles auront été autorisées.

Don manuel

Le don manuel, comme d'ailleurs son nom l'indique assez, est la donation faite de la main à la main de valeurs ou de biens pouvant être transmis par simple tradition (argent, mobiliers, bijoux, valeurs diverses, denrées, etc).

Les immeubles ne pouvant être transmis de la main à la main ne peuvent donc faire l'objet d'un don manuel.

Si la forme du don manuel est considérée comme licite, c'est à la condition que le donateur sera désigné et connu. Tout don manuel anonyme ne peut être autorisé. (*Voir don anonyme*).

L'administration ne sanctionne ces sortes de libéralités que lorsque le donateur justifie que sa position de fortune et de famille lui permet largement d'effectuer la donation qu'il se propose de faire.

Il est de règle, en effet, qu'avant de statuer sur l'acceptation des dons manuels, l'Administration doit prendre les renseignements les plus précis sur la situation de fortune de leurs auteurs et sur les motifs qui ont pu les déterminer à fuir les formalités de l'acte public.

Don anonyme

Le don anonyme est un don manuel, avec cette différence que celu qui le fait ne veut pas ou ne tient pas à se faire connaître.

L'acceptation d'un don anonyme ne devrait jamais être autorisée, la forme dans laquelle il est effectué étant illicite. L'Administration n'est pas disposée à sanctionner ces sortes de libéralités, car elle a le droit, et surtout le devoir, de vérifier la situation de fortune et de famille du donateur. Or cette vérification est impossible si le donateur est inconnu.

Dans un cas fortuit et devant un fait accompli seulement, l'autorisation d'accepter un don anonyme peut être accordée ; mais les cas sont extrêmement rares et l'Administration n'hésiterait pas à refuser l'autorisation, si d'une exception on faisait une règle générale.

Sociétés Libres

Acceptation des Donations

Les Sociétés de Secours Mutuels libres et unions de Sociétés libres ne peuvent recevoir des donations mobilières qu'après y avoir été autorisées par le Préfet. (*Article 15, titre II de la loi du 1er Avril 1898.*)

Elles ne peuvent, **à peine de nullité,** recevoir des dons immobiliers **qu'à la charge de les aliéner,** c'est-à-dire de les vendre avec l'autorisation du Préfet.

L'autorisation d'accepter les dons *(donations entre vifs, dons manuels ou dons anonymes)* d'objets mobiliers est accordée par le Préfet sur la production des pièces mentionnées ci-après et qui lui sont transmises par l'intermédiaire du Maire, pour l'arrondissement chef-lieu et par le Sous-Préfet, avec son avis, pour les autres arrondissements.

Si la libéralité est faite à une Société dont la circonscription comprend des communes situées dans des départements différents, il est statué par un décret. *(Loi du 1er Avril 1898, article 15, § 3.)*

Donation entre vifs de sommes d'argent à une Société de Secours Mutuels libre.

Pièces à produire :

1. Expédition « sur timbre » de l'acte de donation délivrée par le notaire ;
2. Copie conforme du même acte sur papier libre ;
3. Certificat de vie du donateur ou de la donatrice délivré, « sur timbre » par le Maire ;
4. Délibération du Conseil d'administration sollicitant l'autorisation d'accepter la donation en argent ;
5. Note de renseignements « fournis par le Maire », sur la situation de fortune du donateur ou de la donatrice et de ses héritiers naturels présomptifs ;
6. Un exemplaire des statuts ;
7. Copie certifiée conforme de la décision administrative reconnaissant l'existence de la Société ;
Et 8. Etat de l'actif et du passif de la Société dressé par le trésorier.

Donation entre vifs de rentes sur l'Etat, objets divers et valeurs mobilières diverses à une Société de Secours Mutuels libre.

Pièces à produire :

1. Expédition « sur timbre » de l'acte de donation délivrée par le notaire ;
2. Copie conforme du même acte sur papier libre ;
3. Certificat de vie du donateur ou de la donatrice délivré « sur timbre » par le Maire ;
4. Délibération du Conseil d'administration sollicitant l'autorisation d'accepter la donation ;
5. Bordereau des rentes et autres valeurs mobilières, objets de la donation ;
6. Note de renseignements « fournis par le Maire » sur la situation de fortune du donateur ou de la donatrice et de ses héritiers naturels présomptifs ;
7. Un exemplaire des statuts ;
8. Copie conforme de la décision administrative reconnaissant l'existence de la Société ;
9. Etat de l'actif et du passif dressé par le trésorier.

Donation entre vifs à une Société de Secours Mutuels libre de biens immeubles, A LA CHARGE DE LES ALIÉNER.

Pièces à produire :

1. Expédition « sur timbre » de l'acte [1] de donation délivrée par le notaire ;
2. Copie conforme du même acte sur papier libre ;
3. Certificat de vie du donateur ou de la donatrice délivré sur timbre par le Maire ;
4. Délibération du Conseil d'administration sollicitant : 1° l'autorisation d'accepter la donation et 2° celle d'aliéner les immeubles, objets de la donation ;
5. Procès-verbal descriptif et estimatif, « sur timbre », de l'immeuble ou des immeubles ;
6. Extrait du plan cadastral ;
7. Extrait de la matrice cadastrale ;

---

[1] La loi du 1er Avril 1898 ne reconnaissant aux Sociétés de Secours Mutuels libres le droit de recevoir des donations d'immeubles qu'à la condition de les aliéner, tout acte de donation proscrivant l'aliénation des immeubles donnés sera de nul effet et ne pourra être sanctionné

8. Certificat « sur timbre » constatant que le ou les immeubles sont ou ne sont grevés d'aucune hypothèque (ce document délivré par le conservateur des hypothèques);

9. Note de renseignements « fournis par le Maire » sur la situation de fortune du donateur ou de la donatrice et de ses héritiers naturels présomptifs;

10. Un exemplaire des statuts;

11. Copie conforme de la décision administrative reconnaissant l'existence de la Société libre;

12. Etat de l'actif et du passif dressé par le trésorier de la Société.

Don manuel fait à une Société de Secours Mutuels libre.

Pièces à produire :

1. Déclaration « sur timbre » du donateur ou de la donatrice;

2. Délibération du Conseil d'administration sollicitant l'autorisation d'accepter le don manuel;

3. Note de renseignements « fournis par le Maire » sur la situation de fortune du donateur ou de la donatrice et de ses héritiers naturels présomptifs;

4. Un exemplaire des statuts;

5. Copie conforme de la décision administrative reconnaissant l'existence de la Société libre;

6. Etat de l'actif et du passif dressé par le trésorier.

Don anonyme fait à une Société de Secours Mutuels libre.

Pièces à produire :

1. Délibération du Conseil d'administration indiquant dans quelles conditions le don anonyme a été effectué et sollicitant l'autorisation de l'accepter;

2. Un exemplaire des statuts;

3. Copie conforme de la décision administrative reconnaissant l'existence de la Société libre;

4. État de l'actif et du passif dressé par le trésorier.

Sociétés de Secours Mutuels approuvées

Acceptation des Donations

Les Sociétés de Secours Mutuels approuvées, indépendamment des donations d'objets mobiliers qu'elles peuvent être appelées à recueillir, peuvent aussi recevoir des donations immobilières ; mais les immeubles compris dans un acte de donation que les Sociétés n'auront pas été autorisées à conserver, seront aliénés, c'est-à-dire vendus, dans les délais et dans la forme prescrits par le décret qui en autorise l'acceptation ; le délai pourra, en cas de nécessité, être prorogé (*article 17 de la loi du 1er avril 1898*).

L'autorisation d'accepter les donations entre vifs d'objets mobiliers est accordée par le Préfet sur la production des pièces mentionnées ci-après, qui lui sont transmises par l'intermédiaire du Maire, pour l'arrondissement chef-lieu, et par le Sous-Préfet, avec son avis, pour les autres arrondissements.

Pour les donations immobilières, le Préfet reçoit, par la même voie indiquée ci-dessus, le dossier formé par la production des pièces énumérées plus loin et le transmet au Ministère de l'Intérieur, avec son avis, pour provoquer le décret d'autorisation à intervenir.

Donation entre vifs de sommes d'argent à une Société de Secours Mutuels approuvée.

Pièces à produire :

1. Expédition « sur timbre » de l'acte de donation délivrée par le notaire ;

2. Copie conforme du même acte sur papier libre ;

3. Certificat de vie du donateur ou de la donatrice délivré « sur timbre » par le Maire ;

4. Délibération du Conseil d'Administration sollicitant l'autorisation d'accepter la donation en argent ;

5. Note de renseignements « fournis par le Maire » sur la situation de fortune du donateur ou de la donatrice et de ses héritiers naturels présomptifs ;

6. Un exemplaire des Statuts ;

7. Copie certifiée conforme de la décision administrative approuvant la Société ;

8. Etat de l'actif et du passif dressé par le trésorier.

Donation entre-vifs de rentes sur l'État, d'objets et valeurs mobilières diverses à une Société de Secours Mutuels approuvée.

Pièces à produire :

1. Expédition « sur timbre » de l'acte de donation, délivrée par le notaire ;

2. Copie conforme du même acte sur papier libre ;

3. Certificat de vie du donateur ou de la donatrice délivré « sur timbre » par le Maire ;

4. Délibération du Conseil d'administration sollicitant l'autorisation d'accepter la donation ;

5. Bordereau des rentes et autres valeurs mobilières, objets de la donation ;

6. Note de renseignements « fournis par le Maire » sur la situation de fortune du donateur ou de la donatrice et de ses héritiers naturels présomptifs ;

7. Un exemplaire des Statuts ;

8. Copie certifiée conforme de la décision administrative approuvant la Société ;

9. Etat de l'actif et du passif dressé par le trésorier.

Donation entre vifs de biens immeubles à une Société de Secours Mutuels approuvée.

Pièces à produire:

1. Expédition « sur timbre » de l'acte de donation délivrée par le notaire ;

2. Copie conforme du même acte sur papier libre ;

3. Certificat de vie du donateur ou de la donatrice délivré « sur timbre » par le Maire ;

4. Délibération du Conseil d'administration sollicitant : 1º l'autorisation d'accepter la libéralité et 2º celle d'aliéner les immeubles, objets de la donation ou de les conserver ;

5. Procès-verbal descriptif et estimatif « sur timbre » de l'immeuble ou des immeubles légués ;

6. Extrait du plan cadastral ;

7. Extrait de la matrice cadastrale ;

8. Certificat « sur timbre » constatant que le ou les immeubles sont ou ne sont grevés d'aucune hypothèque. (Ce document délivré et certifié par le conservateur des hypothèques) ;

9. Note de renseignements « fournis par le Maire » sur la situation de fortune du donateur ou de la donatrice et de ses héritiers naturels présomptifs ;

10. Un exemplaire des Statuts ;
11. Copie certifiée conforme de la décision administrative approuvant la Société ;
12. Etat de l'actif et du passif dressé par le trésorier.

Don manuel d'une somme d'argent fait à une Société de Secours Mutuels approuvée.

Pièces à produire :

1. Déclaration du donateur sur papier timbré ;
2. Délibération du Conseil d'administration sollicitant l'autorisation d'accepter le don manuel en argent ;
3. Note de renseignements « fournis par le Maire » sur la situation de fortune du donateur ou de la donatrice et de ses héritiers naturels présomptifs ;
4. Un exemplaire des Statuts ;
5. Copie certifiée conforme de la décision administrative approuvant la Société ;
6. Etat de l'actif et du passif dressé par le trésorier.

Don manuel de valeurs ou objets mobiliers divers fait à une Société de Secours Mutuels approuvée.

Pièces à produire :

1. Déclaration du donateur ou de la donatrice sur papier timbré ;
2. Délibération du Conseil d'administration sollicitant l'autorisation d'accepter le don manuel d'objets mobiliers ;
3. Bordereau des objets mobiliers donnés ;
4. Note de renseignements « fournis par le Maire » sur la situation de fortune du donateur ou de la donatrice et de ses héritiers naturels présomptifs ;
5. Un exemplaire des statuts ;
6. Copie certifiée conforme de la décision administrative approuvant la Société ;
7. Etat de l'actif et du passif dressé par le trésorier.

Don anonyme fait à une Société de Secours Mutuels approuvée.

Pièces à produire :

1. Délibération du Conseil d'administration indiquant dans quelles conditions le don anonyme est effectué et sollicitant l'autorisation de l'accepter ;
2. Un exemplaire des Statuts ;
3. Copie certifiée conforme de la décision administrative approuvant la Société ;
4. Etat de l'actif et du passif dressé par le trésorier.

Sociétés de Secours Mutuels

RECONNUES COMME ÉTABLISSEMENTS D'UTILITÉ PUBLIQUE

Acceptation des Donations

Les Sociétés de Secours Mutuels reconnues comme établissements d'utilité publique jouissent des avantages accordés aux Sociétés approuvées, c'est-à-dire qu'elles peuvent recevoir des donations ou dons mobiliers et immobiliers.

Si les Sociétés de Secours Mutuels approuvées peuvent recevoir des dons immobiliers, c'est à la condition de les aliéner tandis que les Sociétés de Secours Mutuels reconnues comme établissements d'utilité publique peuvent les conserver. Ces dernières ont, outre la faculté de posséder, celle d'acquérir, vendre et échanger des immeubles dans les conditions déterminées par le décret déclarant l'utilité publique.

L'acceptation des donations mobilières est autorisée pas le Préfet. S'il s'agit d'immeubles l'acceptation est autorisée par décret.

L'autorisation d'accepter les donations mobilières ou immobilières est accordée ou provoquée par la production d'un dossier composé des pièces indiquées ci-après, adressées au Préfet par l'intermédiaire du Maire, pour l'arrondissement chef-lieu, et par le Sous-Préfet, avec son avis, pour les autres arrondissements.

Donation entre vifs de sommes d'argent à une Société de Secours Mutuels reconnue comme établissement d'utilité publique.

Pièces à produire :

1. Expédition « sur timbre » de l'acte de donation délivrée par le notaire ;

2. Copie certifiée conforme du même acte sur papier libre ;

3. Certificat de vie du donateur ou de la donatrice délivré « sur timbre » par le Maire ;

4. Délibération du Conseil d'administration sollicitant l'autorisation d'accepter la donation en argent ;

5. Note de renseignements « fournis par le Maire », sur la situation de fortune du donateur ou de la donatrice et de ses héritiers naturels présomptifs ;

6. Un exemplaire des statuts ;

7. Copie du décret ayant conféré à l'établissement la reconnaissance d'utilité publique ;

8. Etat de l'actif et du passif dressé par le trésorier.

Donation entre vifs d'objets mobiliers ou de valeurs mobilières diverses à une Société de Secours Mutuels reconnue comme établissement d'utilité publique.

Pièces à produire :

1. Expédition « sur timbre » de l'acte de donation délivrée par le notaire ;
2. Copie certifiée conforme du même acte sur papier libre ;
3. Certificat de vie du donateur ou de la donatrice délivré « sur timbre » par le Maire ;
4. Délibération du Conseil d'administration sollicitant l'autorisation d'accepter la donation mobilière ;
5. Inventaire des livres, meubles et autres objets mobiliers donnés ou bordereau des rentes et autres valeurs mobilières, objets de la donation.
6. Note de renseignements « fournis par le Maire » sur la situation de fortune du donateur ou de la donatrice et de ses héritiers naturels présomptifs ;
7. Un exemplaire des Statuts ;
8. Copie du décret ayant conféré à l'établissement la reconnaissance d'utilité publique ;
9. Etat de l'actif et du passif dressé par le trésorier.

Donation entre vifs de biens immeubles à une Société de Secours Mutuels reconnue comme établissement d'utilité publique.

Pièces à produire :

1. Expédition « sur timbre » de l'acte de donation délivrée par le notaire ;
2. Copie certifiée conforme du même acte sur papier libre ;
3. Certificat de vie du donateur ou de la donatrice délivré « sur timbre » par le Maire ;
4. Délibération du Conseil d'administration sollicitant l'autorisation d'accepter la donation immobilière ;
5. Note de renseignements « fournis par le Maire » sur la situation de fortune du donateur ou de la donatrice et de ses héritiers naturels présomptifs ;
6. Procès-verbal descriptif et estimatif « sur timbre » de l'immeuble ou des immeubles donnés ;
7. Extrait du plan cadastral ;
8. Extrait de la matrice cadastrale ;
9. Certificat « sur timbre » délivré par le Conservateur des hypothèques constatant que le ou les immeubles sont ou ne sont grevés d'aucune inscription hypothécaire ;
10. Un exemplaire des statuts ;

·11. Copie du décret ayant conféré la reconnaissance d'utilité publique à la Société;

12. Etat de l'actif et du passif dressé par le trésorier.

Don manuel d'une somme d'argent, de valeurs ou d'objets mobiliers divers fait à une Société de Secours Mutuels reconnue comme établissement d'utilité publique.

Pièces à produire :

1. Déclaration [1] du donateur ou de la donatrice [2] « sur timbre »;

2. Délibération du Conseil d'administration sollicitant l'autorisation d'accepter le don manuel;

3. Note de renseignements « fournis par le Maire » sur la situation de fortune du donateur ou de la donatrice et de ses héritiers naturels présomptifs;

4. Un exemplaire des statuts;

5. Copie du décret ayant conféré à la Société la reconnaissance d'utilité publique;

6. Etat de l'actif et du passif dressé par le trésorier.

Don anonyme fait à une Société de Secours Mutuels reconnue comme établissement d'utilité publique.

Pièces à produire :

1. Délibération du Conseil d'Administration indiquant dans quelles conditions le don manuel est effectué et sollicitant l'autorisation de l'accepter;

2. Un exemplaire des statuts;

3. Copie certifiée conforme du décret conférant à la Société la reconnaissance d'utilité publique;

4. Etat de l'actif et du passif dressé par le trésorier.

---

(1) S'il s'agit de meubles, livres ou autres objets divers en donner le détail dans la déclaration; s'il s'agit de valeurs mobilières les indiquer aussi dans la déclaration.

(2) S'il s'agit d'une femme mariée la déclaration doit être aussi signée par le mari pour autorisation maritale.

Refus d'Autorisation

Les donations entre vifs étant passées devant notaire en présence des donataires ou de leurs représentants réguliers qui acceptent, la répudiation ne peut donc provenir du bénéficiaire; c'est-à-dire que les donations ne sont jamais répudiées par les établissements intéressés puisqu'elles sont acceptées au moment de la rédaction de l'acte.

Ce n'est que lorsque l'acte est soumis à la sanction administrative qu'alors l'autorité a le droit de ne pas autoriser l'acceptation et de refuser cette sanction, c'est le refus d'autorisation.

L'Administration prend une décision pour refuser l'autorisation comme pour l'accepter.

En principe l'autorisation d'accepter une donation n'est refusée que si elle est onéreuse et engage l'avenir d'une Société ou bien si celle-ci acceptait une libéralité qu'elle est incapable de recevoir.

Les dons manuels ne peuvent être acceptés s'il y a des charges, celles-ci devant être constatées par acte public.

L'autorisation d'accepter les dons anonymes avec charges est toujours refusée.

CHAPITRE II

Legs

A l'inverse de la donation, qui ne peut se faire que du vivant du donateur, le legs est la disposition testamentaire par laquelle le testateur donne aux Sociétés de Secours Mutuels tout ou partie des biens qu'il laissera à son décès.

Le Préfet, avant d'autoriser ou de provoquer l'autorisation d'accepter un legs fait à une Société de Secours Mutuels, invite les personnes qui lui sont signalées comme héritières à prendre connaissance du testament, à donner leur consentement à son exécution ou à produire leurs moyens d'opposition, le tout dans un délai d'un mois (*Article 2 du décret du 1er février 1896*).

Passé ce délai, le silence des héritiers connus est considéré comme une adhésion tacite.

Les héritiers inconnus sont interpellés par le Préfet, au moyen d'un avis inséré dans le *Recueil des Actes Administratifs de la Préfecture* et d'une affiche apposée pendant trois semaines consécutives à la porte de la Mairie du lieu de l'ouverture de la succession. Ils ont trois mois pour donner leur consentement ou présenter leurs réclamations (*Articles 3 et 4 du décret du 1er février 1896*).

A l'expiration de ce délai, les héritiers ne sont plus recevables à présenter leurs réclamations et il est passé outre.

L'interpellation des héritiers connus ou inconnus a été rendue obligatoire autant dans l'intérêt des établissements eux-mêmes, que dans celui des familles.

Le législateur n'a pas voulu qu'un testateur put, par un sentiment de vanité ou sous l'empire de certaines suggestions, dépouiller sa famille de la totalité d'une fortune patrimoniale ou priver ses parents pauvres d'un héritage qui les tirerait de la misère (*Circulaire ministérielle du 15 mars 1896*).

Les Sociétés de Secours Mutuels reconnues d'utilité publique peuvent seules, à titre conservatoire, accepter les legs qui leur sont faits, et la décision de l'autorité administrative qui intervient après, a son effet du jour de cette acceptation.

L'interpellation des héritiers connus ou inconnus appartenant au Préfet (*Articles 2 et 3 du décret du 1er février 1896*), il n'y a donc pas lieu de s'en occuper dans cet ouvrage, puisque les Sociétés de Secours Mutuels n'ont pas à intervenir directement, mais seulement lorsqu'elles en sont requises, si une réclamation venait à se produire.

On devra surtout veiller à ce que les dossiers tendant à faire obtenir l'autorisation d'accepter un legs, se composent de toutes les pièces indiquées dans les nomenclatures. On est alors sûr d'arriver, sans retard, à la solution des affaires, et d'éviter les va-et-vient fréquents de ces dossiers des Préfectures aux Sous-Préfectures ou aux Mairies lorsqu'ils sont incomplets.

Les lois, décrets et règlements régissant les legs faits aux Sociétés de Secours Mutuels sont insérés à la fin de l'ouvrage.

Sociétés de Secours Mutuels Libres

Acceptation des Legs

Les Sociétés de Secours Mutuels libres et Unions de Sociétés libres peuvent, avec l'autorisation du Préfet, recevoir des legs mobiliers, s'il n'y a pas réclamation des héritiers du testateur ou de la testatrice.

Si la libéralité est faite à une Société dont la circonscription comprend des communes situées dans des départements différents, il est statué par décret.

Les Sociétés de Secours Mutuels ne peuvent, à peine de nullité, recevoir des legs immobiliers qu'à la charge de les aliéner, c'est-à-dire de les vendre. La nullité sera prononcée en justice, soit sur la demande des parties intéressées, soit d'office, sur les réquisitions du ministère public (*Article 15 de la loi du 1er Avril 1898*).

De quelque nature que soit le legs, il est statué par décret rendu en Conseil d'Etat, s'il y a réclamation d'héritiers.

L'autorisation d'accepter les legs faits aux Sociétés libres est accordée ou provoquée, selon le cas, par le Préfet, sur la production des pièces énumérées ci-après. Ces pièces, qui constituent le dossier, sont adressées à la Préfecture, par l'intermédiaire du Maire, pour l'arrondissement chef-lieu, et par le Sous-Préfet, avec son avis, pour les autres arrondissements.

S'il y a lieu de provoquer un décret, le dossier est transmis au Ministère de l'Intérieur par les soins du Préfet.

Legs d'une somme d'argent à une Société de Secours Mutuels LIBRE.

Pièces à produire :

1. Expédition « sur timbre » du testament délivrée par le notaire dépositaire ;
2. Copie du même acte sur papier libre ;
3. Expédition « sur timbre » de l'acte de décès du testateur ou de la testatrice ;
4. Délibération du Conseil d'administration sollicitant l'autorisation d'accepter le legs ;
5. Note de renseignements « fournis par le Maire » sur la valeur totale de la succession ;
6. Un exemplaire des statuts ;

7. Copie conforme de la décision administrative reconnaissant l'existence de la Société libre ;

8. Etat de l'actif et du passif dressé par le Trésorier.

Legs d'objets mobiliers, de rentes sur l'Etat et autres valeurs mobilières diverses à une Société de Secours Mutuels LIBRE.

Pièces à produire :

1. Expédition « sur timbre » du testament ;

2. Copie du même acte sur papier-libre ;

3. Expédition « sur timbre » de l'acte de décès du testateur ou de la testatrice ;

4. Délibération du Conseil d'administration sollicitant l'autorisation d'accepter le legs ;

5. Inventaire des livres, meubles et autres objets légués (avec leur estimation) ou bordereau des rentes et autres valeurs mobilières léguées ;

6. Note de renseignements « fournis par le Maire » sur la valeur totale de la succession ;

7. Un exemplaire des statuts ;

8. Copie certifiée conforme de la décision administrative reconnaissant l'existence de la Société libre ;

9. Etat de l'actif et du passif dressé par le trésorier.

Legs immobilier fait à une Société de Secours Mutuels LIBRE, à la charge d'aliéner les immeubles.

Pièces à produire :

1. Expédition « sur timbre » du testament délivrée par le notaire dépositaire ;

2. Copie du même acte sur papier libre ;

3. Expédition, « sur timbre », de l'acte de décès du testateur ou de la testatrice ;

4. Délibération du Conseil d'administration sollicitant : 1° l'autorisation d'accepter le legs et 2° celle d'aliéner l'immeuble ou les immeubles, conformément à la loi ;

5. Procès verbal descriptif et estimatif « sur timbre » de l'immeuble ou des immeubles légués ;

6. Extrait du plan cadastral ;

7. Extrait de la matrice cadastrale ;

8. Certificat « sur timbre » délivré par le conservateur des hypothèques constatant que l'immeuble ou les immeubles sont ou ne sont grevés d'aucune inscription hypothécaire ;

9. Note de renseignements « fournis par le Maire » sur la valeur totale de la succession ;

10. Un exemplaire des statuts ;

11. Copie certifiée conforme de la décision administrative reconnaissant l'existence de la Société ;

12. Etat de l'actif et du passif dressé par le trésorier.

Société de Secours Mutuels Approuvées

Acceptation des Legs

Les Sociétés de Secours Mutuels approuvées peuvent recevoir des legs mobiliers et immobiliers (*Loi du 1er Avril 1898, Articles 16 et 17*).

C'est au Préfet qu'il appartient d'autoriser l'acceptation de legs mobiliers faits aux Sociétés de Secours Mutuels approuvées, s'il n'y a pas réclamations d'héritiers.

L'acceptation des legs immobiliers ne peut être accordée que par décret.

Comme pour les donations, les immeubles légués devront être aliénés dans les délais et dans la forme prescrits par le décret qui en autorise l'acceptation, à moins que les Sociétés aient été autorisées à les conserver.

Si le legs mobilier ou immobilier donne lieu à réclamation de la part d'un ou plusieurs héritiers, il ne peut être statué sur l'acceptation de la libéralité que par un décret rendu en Conseil d'État.

L'autorisation d'accepter les legs faits aux Sociétés de Secours Mutuels approuvées est accordée ou provoquée, selon le cas, par la production des pièces énumérées ci-après, adressées au Préfet, par l'intermédiaire du Maire, pour l'arrondissement chef-lieu et par le Sous-Préfet, pour les autres arrondissements.

Legs de sommes d'argent fait à une Société de Secours Mutuels approuvée.

Pièces à produire :

1. Expédition « sur timbre » du testament délivrée par le notaire dépositaire ;
2. Copie conforme du même acte sur papier libre ;
3. Expédition « sur timbre » de l'acte de décès du testateur ou de la testatrice ;
4. Délibération du Conseil d'administration sollicitant l'autorisation d'accepter le legs en argent ;
5. Note de renseignements « fournis par le Maire » sur la valeur totale de la succession ;
6. Un exemplaire des statuts ;
7. Copie certifiée conforme de la décision administrative approuvant la Société ;
8. Etat de l'actif et du passif dressé par le trésorier.

Legs d'objets mobiliers, de rentes ou valeurs mobilières diverses à une Société de Secours Mutuels APPROUVÉE.

Pièces à produire :

1. Expédition « sur timbre » du testament délivrée par le notaire dépositaire ;
2. Copie conforme du même acte sur papier libre ;
3. Expédition « sur timbre » de l'acte de décès du testateur ou de la testatrice ;
4. Délibération du Conseil d'administration sollicitant l'autorisation d'accepter le legs mobilier ;
5. Inventaire des livres, meubles et autres objets mobiliers légués (avec leur estimation) ou bordereau des rentes et autres valeurs mobilières léguées ;
6. Note de renseignements « fournis par le Maire » sur la valeur totale de la succession ;
7. Un exemplaire des statuts ;
8. Copie certifiée conforme de la décision administrative approuvant la Société ;
9. Etat de l'actif et du passif dressé par le trésorier.

Legs immobilier fait à une Société de Secours Mutuels APPROUVEE.

Pièces à produire :

1. Expédition « sur timbre » du testament délivrée par le notaire dépositaire ;
2. Copie certifiée conforme du même acte sur papier libre ;
3. Expédition « sur timbre » de l'acte de décès du testateur ou de la testatrice ;
4. Délibération du Conseil d'Administration sollicitant : 1o l'autorisation d'accepter le legs immobilier et 2o celle d'aliéner les immeubles légués ;
5. Procès-verbal descriptif et estimatif « sur timbre » des dits immeubles ;
6. Extrait du plan cadastral ;
7. Extrait de la matrice cadastrale ;
8. Certificat « sur timbre » délivré par le Conservateur des hypothèques constatant que l'immeuble ou les immeubles sont ou ne sont grevés d'aucune inscription hypothécaire ;
9. Un exemplaire des statuts ;
10. Copie de la décision administrative approuvant la Société ;
11. Etat de l'actif et du passif dressé par le trésorier.

Sociétés de Secours Mutuels

RECONNUES COMME ÉTABLISSEMENTS D'UTILITÉ PUBLIQUE

Acceptation des Legs

Les Sociétés de Secours Mutuels reconnues comme établissements d'utilité publique jouissent des avantages accordés aux Sociétés approuvées. Elles peuvent, en outre, posséder et acquérir, vendre et échanger des immeubles dans les conditions déterminées par le décret déclarant l'utilité publique (*Article 33 de la loi du 1er avril 1898*).

L'autorisation d'accepter les legs mobiliers est accordée par le Préfet, s'il n'y a pas réclamation d'héritiers.

Les legs immobiliers ne peuvent être autorisés que par décret, mais les Sociétés reconnues d'utilité publique ne sont pas tenues d'aliéner les immeubles légués puisque l'article 33 de la loi du 1er avril 1898 précité leur reconnait le droit d'en posséder.

Lorsqu'il y a réclamation d'héritiers que le legs soit mobilier ou immobilier, l'acceptation n'en peut être autorisée que par décret rendu en Conseil d'Etat.

L'autorisation d'accepter les legs faits aux Sociétés de Secours Mutuels reconnues comme établissements d'utilité publique est accordée ou provoquée, selon le cas, par la production des pièces énumérées ci-après adressées au Préfet par l'intermédiaire du Maire, pour l'arrondissement chef-lieu, et par le Sous-Préfet, avec son avis, pour les autres arrondissements.

Legs de sommes d'argent fait à une Société de Secours Mutuels reconnue comme établissement d'utilité publique.

Pièces à produire :

1. Expédition « sur timbre » du testament délivrée par le notaire dépositaire;

2. Copie conforme du même acte sur papier libre;

3. Expédition « sur timbre » de l'acte de décès du testateur ou de la testatrice;

4. Délibération du Conseil d'Administration sollicitant l'autorisation d'accepter le legs en argent;

5. Note de renseignements « fournis par le Maire » sur la valeur totale de la succession;

6. Un exemplaire des statuts;

7. Copie certifiée conforme du décret conférant la reconnaissance d'utilité publique;

8. Etat de l'actif et du passif dressé par le trésorier.

Legs d'objets mobiliers, de rentes ou valeurs mobilières diverses à une Société de Secours Mutuels reconnue comme établissement d'utilité publique.

Pièces à produire :

1. Expédition « sur timbre » du testament délivrée par le notaire dépositaire;

2. Copie conforme du même acte sur papier libre ;

3. Expédition « sur timbre » de l'acte de décès du testateur ou de la testatrice ;

4. Délibération du Conseil d'administration sollicitant l'autorisation d'accepter le legs mobilier ;

5. Inventaire des livres et autres objets mobiliers (avec leur estimation), ou bordereau des rentes mobilières léguées ;

6. Note de renseignements « fournis par le Maire » sur la valeur totale de la succession ;

7. Un exemplaire des statuts :

8. Copie certifiée conforme du décret conférant la reconnaissance d'utilité publique à la Société ;

9. Etat de l'actif et du passif dressé par le trésorier.

Legs immobiliers faits à une Société de Secours Mutuels reconnue comme établissement d'utilité publique.

Pièces à produire :

1. Expédition « sur timbre » du testament délivré par le notaire dépositaire ;

2. Copie certifiée conforme du même acte sur papier libre ;

3. Expédition « sur timbre » de l'acte de décès du testateur ou de la testatrice ;

4. Délibération du Conseil d'administration sollicitant l'autorisation d'accepter le legs immobilier ;

5. Procès verbal descriptif et estimatif « sur timbre » de l'immeuble ou des immeubles ;

6. Extrait du plan cadastral ;

7. Extrait de la matrice cadastrale ;

8. Certificat « sur timbre » délivré par le Conservateur des hypothèques constatant que l'immeuble ou les immeubles sont ou ne sont grevés d'aucune inscription hypothécaire;

9. Un exemplaire des statuts ;

10. Copie certifiée conforme du décret conférant à la Société la reconnaissance d'utilité publique;

11. Etat de l'actif et du passif dressé par le trésorier.

Répudiation des Legs

FAITS AUX SOCIÉTÉS DE SECOURS MUTUELS

La répudiation d'un legs est la non acceptation de cette libéralité pour des causes diverses.

Un legs qui serait onéreux pour une Société de Secours Mutuels, ou qui comporterait des charges ou conditions engageant l'avenir de cette Société, doit être irrévocablement refusé, c'est-à-dire **répudié**.

La délibération par laquelle une Société de Secours Mutuels refuse l'acceptation d'une libéralité et fait connaître les motifs de cette non-acceptation constitue la répudiation proprement dite, sans qu'il soit nécessaire, comme certaines Sociétés l'ont fait, quelquefois à tort, de passer un acte public de répudiation. Mais, de même que l'acceptation est autorisée, la répudiation ou refus d'acceptation doit l'être aussi, car il est indispensable, tant dans l'intérêt des Sociétés de Secours Mutuels, que pour la bonne marche des affaires que la répudiation soit sanctionnée par l'Administration.

Lorsqu'une Société de Secours Mutuels ne croit pas devoir accepter un legs fait en sa faveur, l'autorisation de le répudier est accordée ou provoquée par la production d'un dossier composé des pièces indiquées ci-après et adressé au Préfet par le Maire, pour l'arrondissement chef-lieu, et par le Sous-Préfet, avec son avis, pour les autres arrondissements.

Répudiation d'un legs fait à une Société de Secours Mutuels quelconque de biens meubles, objets mobiliers, valeurs mobilières diverses et immeubles.

Pièces à produire :

1. Expédition intégrale du testament sur papier libre ;
2. Délibération motivée indiquant les causes pour lesquelles la libéralité est répudiée ;
3. Note de renseignements « fournis par le Maire » sur la valeur totale de la succession.

Législation

Article 910 du Code Civil

Les dispositions entre vifs ou par testament, au profit des hospices, des pauvres d'une commune ou d'établissement d'utilité publique n'auront leur effet qu'autant qu'elles auront été autorisées par le Gouvernement.

Ordonnance du 2 Avril 1817 qui détermine les règles à suivre pour l'acceptation et l'emploi des dons et legs.

. . . .

. . . .

Art. 4. — Les ordonnances et arrêtés d'autorisation détermineront, pour le plus grand bien des établissements, l'emploi des sommes données et prescriront la conservation ou la vente des effets mobiliers lorsque le testateur ou le donateur auront omis d'y pourvoir.

Décret du 1er Février 1896 relatif à la procédure à suivre en matière de legs concernant les établissements publics ou reconnus d'utilité publique.

LE PRÉSIDENT DE LA RÉPUBLIQUE FRANÇAISE,

Sur les rapports du Président du Conseil, Ministre de l'Intérieur et du Garde des Sceaux, Ministre de la Justice;
Vu l'article 910 du Code civil;
Vu les ordonnances des 2 avril 1817 et 14 janvier 1831;
Vu le décret du 30 juillet 1863;
Vu l'avis du Ministre de l'Instruction Publique, des Beaux-Arts et des Cultes, en date du 24 juillet 1895;
Le Conseil d'Etat entendu,

DÉCRÈTE :

ATTICLE PREMIER.

Tout notaire, constitué dépositaire d'un testament contenant des libéralités en faveur de l'Etat, des départements, des communes, des établissements publics ou reconnus d'utilité publique et des associations religieuses autorisées, est tenu, aussitôt après l'ouverture du testament, de faire connaître aux établissements légataires les dispositions faites en leur faveur.

Il adresse au Préfet du département du lieu de l'ouverture de la succession la copie intégrale de ces dispositions écrites sur papier libre et un état des héritiers dont l'existence lui aura été révélée avec leurs nom, prénoms, profession, degré de parenté et adresse.

Il est délivré récépissé de ces pièces.

ART. 2.

Dans la huitaine, le Préfet requiert le Maire du lieu de l'ouverture de la succession de lui transmettre, dans le plus bref délai, un état contenant les indications relatives aux héritiers connus et énoncés dans l'article précédent.

Le Préfet, dès qu'il a reçu ce dernier état, invite les personnes qui lui sont signalées comme héritières, soit par le notaire, soit par le maire, à prendre connaissance du testament, à donner leur consentement à son exécution ou à produire leurs moyens d'opposition, le tout dans un délai d'un mois.

Ces diverses communications sont faites par voie administrative; il en est accusé réception.

ART. 3.

Dans ce même délai de huitaine, l'invitation mentionnée en l'article précédent est adressée par les soins du Préfet à tous les héritiers inconnus au moyen d'un avis inséré dans le *Recueil des actes administratifs* du département et d'une affiche, qui restera apposée, pendant trois semaines consécutives, à la porte de la Mairie du lieu de l'ouverture de la succession. Cette affiche contient, en outre, l'extrait des dispositions faites en faveur des établissements légataires. Le Maire fait parvenir au Préfet un certificat constatant l'accomplissement de cette formalité.

ART. 4.

Les héritiers ne sont recevables à présenter leurs réclamations que dans un délai de trois mois, à partir de l'accomplissement des formalités prescrites par l'article 3.

Les réclamations sont adressées au Préfet du département du lieu de l'ouverture de la succession.

A l'expiration de ce délai, il est statué sur l'acceptation ou le refus de la libéralité par l'autorité compétente.

Si un même testament contient des libéralités distinctes faites à des établissements différents et ne relevant pas de la même autorité administrative, chaque autorité se prononce séparément lorsqu'il ne s'est produit aucune réclamation dans le délai ci-dessus imparti. Lorsqu'au contraire une réclamation s'est produite, le pouvoir de statuer appartient à l'autorité la plus élevée.

ART. 5.

Les établissements publics ou reconnus d'utilité publique et les associations religieuses autorisées doivent produire à l'appui de leur demande un état de l'actif et du passif, ainsi que de leurs revenus et charges, certifié par le Préfet du département dans lequel ils sont situés.

Dans le cas où le Gouvernement, statuant en Conseil d'Etat, juge nécessaire de requérir du notaire la production d'une copie intégrale du testament, cette copie est fournie sur papier libre.

ART. 6.

Les libéralités pour lesquelles auront été accomplies, avant la promulgation du présent décret, toutes les formalités de la procédure prescrites par les règlements antérieurement en vigueur, suivront, quant aux autorisations, les règles appliquées avant cette promulgation.

En ce qui touche les libéralités pour lesquelles l'instruction n'aura pas été terminée, la procédure sera continuée conformément aux dispositions du présent décret et les formalités de publication édictées par l'article 3 seront dans tous les cas applicables.

ART. 7.

Sont abrogés l'article 5, § 1 de l'ordonnance du 2 avril 1817, les articles 3 et 5 de celle du 14 janvier 1831, le décret du 30 juillet 1863 et toutes les dispositions qui seraient contraires au présent règlement.

ART. 8.

Le Président du Conseil, Ministre de l'Intérieur et le Garde des Sceaux, Ministre de la Justice, sont chargés, chacun en ce qui le concerne, de l'exécution du présent décret qui sera inséré au *Bulletin des lois* et publié au *Journal Officiel*.

Fait à Paris, le 1er février 1896.

Signé : FÉLIX FAURE.

Le Président du Conseil, Ministre de l'Intérieur,

Signé : Léon BOURGEOIS.

Le Garde des Sceaux, Ministre de la Justice,

Signé : L. RICARD.

LOI

RELATIVE AUX SOCIÉTÉS DE SECOURS MUTUELS

(1ᵉʳ *Avril 1898.*)

Le Sénat et la Chambre des députés ont adopté,
Le Président de la République promulgue la loi dont la teneur suit :

TITRE Iᵉʳ

. . . .

. . . .

ART. 14.—Les sociétés de secours mutuels se divisent en trois catégories :
1º Les sociétés libres ;
2º Les sociétés approuvées ;
3º Les sociétés reconnues comme établissements d'utilité publique.

TITRE II. — DES SOCIÉTÉS LIBRES.

ART. 15. — Les sociétés libres et unions de sociétés libres peuvent recevoir et employer les sommes provenant des cotisations des membres honoraires et participants, et généralement faire des actes de simple administration ; elles peuvent posséder des objets mobiliers, prendre des immeubles à bail pour l'installation de leurs divers services.

Elles peuvent, avec l'autorisation du préfet, recevoir des dons et legs mobiliers.

Toutefois, si la libéralité est faite à une société dont la circonscription comprend des communes situées dans des départements différents, il est statué par un décret. S'il y a réclamation des héritiers du testateur, il est statué par un décret du Président de la République, le Conseil d'Etat entendu.

Lorsque l'emploi des dons et legs n'est pas déterminé par le donateur ou testateur, cet emploi sera prescrit par l'arrêté ou le décret d'autorisation, en exécution de l'article 4 de l'ordonnance du 2 avril 1817.

Les sociétés libres ne peuvent acquérir des immeubles, sous quelque forme que ce soit, à peine de nullité, recevoir des dons ou legs immobiliers qu'à la charge de les aliéner et d'obtenir l'autorisation mentionnée au § 3 ci-dessus. La nullité sera prononcée en justice, soit sur la demande des parties intéressées, soit d'office, sur les réquisitions du ministère public.

TITRE III. — DES SOCIÉTÉS APPROUVÉES

. . . .

. . . .

ART. 16, — Les Sociétés de Secours Mutuels et les unions de Sociétés qui auront fait approuver leurs statuts par arrêté ministériel, auront tous les droits accordés aux sociétés libres et unions de sociétés libres et jouiront des avantages concédés par les articles suivants.

ART. 17. — Les sociétés de Secours Mutuels approuvées, pourront, sous réserve de l'autorisation du Conseil d'Etat, recevoir des dons et legs immobiliers.

Les immeubles compris daus un acte de donation ou dans une disposition testamentaire, que les sociétés n'auront pas été autorisées à conserver, seront aliénés dans les délais et la forme prescrits par le décret qui en autorise l'acceptation ; le délai pourra, en cas de nécessité, être prorogé.

. . . .
. . . .

TITRE IV. — DES SOCIÉTÉS RECONNUES COMME ETABLISSEMENTS D'UTILITÉ PUBLIQUE

. . . .
. . . .

ART. 33. — Les sociétés reconnues comme établissements d'utilité publique jouissent des avantages accordés aux Sociétés approuvées. Elles peuvent, en outre, posséder et acquérir, vendre et échanger des immeubles dans les conditions déterminées par le décret déclarant l'utilité publique.

. . . .

ART. 40. — Les syndicats professionnels constitués légalement aux termes de la loi du 21 mars 1884, qui ont prévu dans leurs statuts les secours mutuels entre leurs membres adhérents, bénéficieront des avantages de la présente loi, à la condition de se conformer à ses prescriptions.

ART. 41. — Toutes les dispositions contraires à la présente loi sont abrogées.

La présente loi délibérée et adoptée par le Sénat et par la Chambre des députés sera exécutée comme loi de l'Etat.

Fait à Paris, le 1ᵉʳ avril 1898.

Signé : FÉLIX FAURE.

Par le Président de la République :

Le Ministre de l'Intérieur,

Signé : Louis BARTHOU

Circulaire de M. le Président du Conseil, Ministre de l'Intérieur et des Cultes, du 28 Mars 1900.

Dons et Legs

Lorsqu'un testateur a disposé de la nue-propriété en faveur d'établissements soumis à la tutelle administrative, en réservant l'usufruit, l'instruction ne doit pas être retardée jusqu'au décès de l'usufruitier. Attendre, en effet, le décès de l'usufruitier pour statuer sur l'autorisation d'accepter des legs faits en nue-propriété, c'est tenir en suspens les droits des légataires pendant une période indéterminée et rendre l'instruction plus longue et plus difficile, puisqu'au moment où il y est procédé, les héritiers peuvent être disparus ou dispersés.

www.ingramcontent.com/pod-product-compliance
Ingram Content Group UK Ltd.
Pitfield, Milton Keynes, MK11 3LW, UK
UKHW021633130726
13696UKWH00005B/2167